DISCOURS

SUR LES

DROITS DE LA ROYAUTÉ.

DISCOURS

SUR LES

DROITS DE LA ROYAUTÉ

ET SUR LES

PRÉROGATIVES DES MONARQUES,

ÉTABLIES PAR LA RAISON ET LA RELIGION,

ET SUR LES FUNESTES CAUSES ET LES AFFREUX RÉSULTATS DE LA RÉVOLTE DES SUJETS CONTRE LEURS PRINCES LÉGITIMES;

Par M. l'Abbé TOUTAIN, Prêtre, Docteur en Médecine.

A ROUEN,

DE L'IMPRIMERIE DE P. PERIAUX PÈRE,
IMPRIMEUR DU ROI, RUE DE LA VICOMTÉ, N° 55.

—

1823.

AVANT - PROPOS.

J'AI été nommé Aumônier du Collége royal
de Rouen, en 1814, par M. le Marquis de
Fontanes, qui était alors Grand - Maître de
l'Université et Pair de France, et dont j'avais
été le pasteur à Courbevoie pendant plusieurs
années. Voici les expressions de sa lettre :
« Monsieur, je vous ai nommé Aumônier du
» Lycée de Rouen. Je désire que vous voyez,
» dans l'acte qui vous confère ce titre, une
» nouvelle marque de l'estime toute particu-
» lière que je vous ai vouée ».

Cet homme, célèbre par ses grands talens
littéraires, par ses vertus douces et bienfaisantes,
avait été mon seigneur et mon bienfaiteur dans
la paroisse que je desservais.

Pendant son séjour à Courbevoie, il assis-
tait assiduement à la grand'messe et aux ex-
hortations, et il me disait quelquefois, avec
son amabilité ordinaire : « Monsieur le curé,
» vous nous avez donné un excellent discours ;
» vous préchez comme un apôtre et en bons
» termes, etc. »

J'ai donc perdu, par sa mort prématurée,

un des plus aimables et des plus méritans des protecteurs.

Je n'ai pas plutôt été nommé Aumônier, que je composai le Discours sur les droits de la royauté, et c'était l'année mémorable de l'entrée joyeuse et triomphante de notre auguste Monarque dans sa capitale, et de son installation brillante sur le trône de ses illustres ancêtres. Je l'ai prêché une fois tous les ans dans l'église du Collége, pendant cinq ans que j'ai occupé la place d'Aumônier.

Enfin, je me suis determiné à le faire imprimer, et comme je plaide la cause des rois, j'ai cru pouvoir prendre la liberté d'en faire un hommage respectueux à Sa Majesté Louis XVIII, le désiré de la France et le père de son peuple.

DISCOURS

SUR LES

DROITS DE LA ROYAUTÉ.

Reddite quæ sunt Cæsaris Cæsari, et quæ sunt Dei Deo.
Rendez à César ce qui appartient à César, et à Dieu ce
qui appartient à Dieu.

St-Matu. Ch. 22.

Y A-T-IL un Dieu dans le Ciel ? Y a-t-il des
Rois sur la terre ? Si cela est, mes Frères,
rendons à Dieu ce qui appartient à Dieu, et
aux Rois ce qui appartient aux Rois. Il y a
deux puissances qui gouvernent le monde : la
puissance divine et la puissance humaine. Dieu
est la première majesté, les Rois sont la seconde ; ce sont les christs et les oints du Seigneur.

Dieu est le Monarque suprême de toutes les
créatures. Il porte le sceptre du ciel et de la
terre. Il possède seul le souverain domaine,
l'empire absolu, la parfaite justice. La puissance
et la force, la domination et le commandement,
la victoire et l'honneur, la gloire et la majesté
sont les apanages inséparables de l'être seul grand
par essence. Les Rois de la terre ne sont rois
que par emprunt, dit Bossuet. Mais cette royauté
empruntée des Rois participe de la royauté de

Dieu. C'est une émanation de sa grandeur et de sa puissance. Les Rois reçoivent et tiennent donc de Dieu leur autorité sur leurs sujets , comme les pères la tiennent sur leurs enfans.

« Heureux, dit le sage , le peuple dont le Roi
» est d'une naissance illustre , parce que c'est
» dans cette classe distinguée que Dieu choisit
» ordinairement les chefs et les législateurs des
» nations. »

Mais malheur à la nation qui secoue le joug de l'autorité légitime ! Sa rebellion est le plus grand fléau qui puisse fondre sur elle. C'est le règne et le triomphe des méchans contre les bons. Les lois disparaissent, l'anarchie domine, le sang coule, et les factieux deviennent les oppresseurs et les bourreaux de leurs concitoyens.

Je vais donc vous entretenir des droits de la royauté et des prérogatives des monarques , établis par la raison et par la religion. Ensuite je vous exposerai les funestes causes et les affreux résultats de la révolte des sujets contre leurs princes légitimes.

Deux réflexions qui feront le sujet et le partage de ce discours.

PREMIÈRE PARTIE.

L'ÉTAT d'innocence ne pouvait admettre d'iné-
galité parmi les hommes , parce que l'homme ,
dans cet état sublime , était dans une dépen-
dance entière et directe de Dieu , n'ayant pour
règle que sa loi. Mais l'état de corruption où
nous a plongé le péché , ne peut souffrir d'égalité , parce que chaque homme voudra t être
le maître et le tyran de ses semblables. D'ailleurs,
quand tout le monde veut être maître , dit
Bossuet , personne ne l'est , puisqu'il ne se
trouve personne pour obéir.

La souveraineté du peuple est un rêve ridi-
cule. C'est un système anarchique qui produit
la licence la plus effrénée , et qui conduit au
despotisme et à l'esclavage. La souveraineté et
l'égalité , dans un état , sont la destruction et
l'extinction de toute société. Une troupe de
brigands se choisit un chef , et un grand peuple
prétendrait secouer le joug de la légitimité !
C'est le cri sinistre des factieux qui aiment à
voir couler le sang humain.

L'assujétissement des hommes à d'autres
hommes est donc non-seulement un état né-
cessaire et inévitable , mais il est encore utile
et avantageux. Il faut donc que parmi la multitude d'hommes qui fourmillent sur la terre ,

on donne la préférence à certains personnages pour établir des lois et veiller à leur observation.

La raison non-seulement consent à l'établissement de la grandeur dans le monde, mais elle regarde cet ordre comme le chef-d'œuvre de l'esprit humain, et la loi la plus salutaire à la société. D'où il s'en suit que la grandeur sur la terre est une participation de la puissance de Dieu sur les hommes, que c'est un ministère sacré qu'il a confié aux Princes, qui sont les images de la Divinité et les représentans de la Providence. Ce sont les protecteurs et les pères des peuples, et les conservateurs vigilans de leurs propriétés et de leur existence.

En effet, dit S.-Augustin, tous les supplices seraient autant de meurtres et d'homicides, si Dieu, qui est le seul et souverain maître de la vie et de la mort, n'avait donné aux princes le pouvoir de punir ceux qui violeraient les lois de la nature et troubleraient la société.

Car, quoique la royauté et les autres formes de gouvernement viennent originairement du choix et du consentement des peuples, l'autorité des rois néanmoins ne vient point du peuple, mais de Dieu seul. Dieu, il est vrai, a donné au peuple le pouvoir de se choisir un gouvernement; mais comme le choix de ceux qui élisent un évêque, n'est point ce qui le fait évêque, et qu'il faut que l'autorité pastorale de

J.-C. lui soit communiquée par son ordination ,
aussi ce n'est point le seul consentement du peuple qui fait les rois , c'est la communication que
Dieu leur fait de sa puissance , qui les rend rois
légitimes et qui leur donne un droit véritable et
incontestable sur leurs sujets.

La légitimité des puissances est donc le plus
ferme appui des états , et ceux qui cherchent à
l'ébranler et à la détruire se rendent coupables
aux yeux de l'Être Suprême et de la société ,
et attirent sur leurs têtes rebelles le glaive des
vengeances divines et humaines.

Ne vous imaginez donc pas que ce sont de
vaines spéculations ; ce sont des vérités décidées
par l'Écriture Sainte , qui nous enseigne que
toute puissance vient de Dieu , *non est potestas
nisi a Deo :* que les puissances sont établies par
Dieu ; que quiconque leur résiste , résiste à l'ordre de Dieu ; que ceux qui gouvernent sont les
ministres de Dieu , pour récompenser le bien et
punir le mal. C'est pourquoi l'apôtre Saint Paul
n'appelle point les princes et les souverains les
ministres du peuple, mais il les appelle les ministres de Dieu. Pourquoi ? parce qu'ils ne tiennent
leur puissance que de Dieu seul.

De ce principe incontestable, puisqu'il est établi par la raison et la religion , on peut tirer une
conséquence très-favorable aux monarchies suc-
cessives et héréditaires. C'est que quoique l'établissement d'une monarchie ait dépendu, dans son

origine, du peuple, par le choix qu'il a fait d'une certaine famille et par l'institution de l'ordre pour la succession du royaume, cet ordre néanmoins étant une fois établi, le peuple n'est pas libre de le changer. L'autorité ne réside plus dans le peuple qui s'en est dépouillé, mais elle réside dans le Roi à qui Dieu a communiqué sa puissance pour le gouverner.

D'ailleurs, comme dans un état successif, les rois ne peuvent mourir, puisqu'il se trouve toujours un héritier légitime de leur couronne, et que par conséquent les peuples ont toujours un roi pour les gouverner, les peuples n'ont jamais la liberté de faire de nouvelles lois, pour changer l'ordre de la succession. Pourquoi ? parce qu'ils n'ont jamais d'autorité légitime pour changer de dynastie, ou établir un nouveau gouvernement, cette autorité résidant toujours en celui à qui Dieu l'a communiquée selon l'ordre auquel les peuples se sont volontairement assujétis.

Il est clair aussi, par le même principe, qu'il n'est jamais permis à personne de se révolter contre son souverain, ni de s'engager dans une guerre civile ; car la guerre ne peut se faire sans autorité, et sans une autorité souveraine, puisqu'on y fait mourir les hommes ; ce qui suppose un droit de vie et de mort. Or, ce droit de vie et de mort dans un état monarchique n'appartient qu'au Roi seul, et à ceux qui l'exercent sous son autorité. Donc les rebelles qui s'arment contre l'autorité légitime , méritent de tomber sous le glaive de l'autorité légitime.

En effet , ceux qui lèvent l'étendard de la rebellion dans un gouvernement légitime, commettent autant d'homicides qu'ils font périr d'hommes , puisqu'ils les font périr sans pouvoir et contre l'ordre de Dieu. C'est en vain qu'on prétendrait les justifier par les désordres de l'état auxquels ils font semblant de vouloir remédier ; car il n'y a point de désordre qui puisse donner droit à des sujets de tirer l'épée contre leur souverain , et ces prétendus zélateurs de l'ordre public ne peuvent s'en servir que par l'ordre de celui qui la porte par l'ordre de Dieu.

La puissance royale et le droit de gouverner les peuples appartiennent donc essentiellement à Dieu, puisque les rois de la terre ne règnent que par la communication de sa puissance. C'est par moi que les rois règnent et que les princes commandent , dit le Roi des rois, le Seigneur des seigneurs. *Per me reges regnant.* C'est moi qui élève les rois sur le trône , qui mets le sceptre dans leurs mains , qui place la couronne sur leurs têtes. *Per me reges regnant.*

Voilà le rang brillant et illustre qui distingue les rois de la terre. Voilà les prérogatives sublimes qui résident dans leur personne auguste, avec l'éclat imposant de la supériorité et de la domination. Mais ils peuvent communiquer leur autorité à leurs ministres et autres subalter-

(14)

nes choisis et désignés par eux pour gouverner les peuples et maintenir la tranquillité publique , de sorte que quiconque participe à cette autorité , est ministre de Dieu , parce qu'il participe à l'autorité de Dieu. *Per me reges regnant.*

Ce n'est donc ni par leurs richesses, ni par leurs plaisirs , ni par leur pompe , que les grands sont dignes de la vénération publique ; c'est par la part qu'ils ont à la royauté de Dieu , que l'on doit honorer leur personne sacrée. Cette soumission ayant pour objet une élévation aussi respectable , elle ne doit pas être de pure forme ; mais elle doit être intérieure en reconnaissant, dans les monarques de la terre , une grandeur réelle au-dessus des autres hommes. C'est pourquoi l'apôtre Saint Paul recommande la soumission aux puissances, non-seulement par la crainte des châtimens , mais par un motif et un devoir de conscience. *Non solùm propter iram , sed propter conscientiam.*

Examinons maintenant les funestes et les affreux résultats de la révolte des sujets contre leurs princes légitimes. Ce sera le sujet de la seconde partie.

SECONDE PARTIE.

~~~~~~~~~~~~~~~~~~~~

C'est un triste et désolant spectacle que celui de la révolution française. Quand on considère ces tems malheureux, on ne saurait comprendre l'aveuglement du peuple. Il abandonne sans murmure les lois fondamentales de l'état à la fureur des ambitieux, tandis qu'en d'autres tems, il s'oppose avec véhémence à des dispositions justes et faites pour le rendre heureux. Ce n'est pas qu'il n'y ait dans ces tems des hommes sages, qui gémissent des malheurs publics ; mais ils ne sont jamais les plus forts, parce qu'ils ne font pas le grand nombre, et parce que la révolte est plus audacieuse et plus agissante que la sagesse.

Jamais état n'a été fondé que la religion ne lui ait servi de base. C'est l'expérience de tous les siècles. Vous réussirez plutôt à bâtir une ville en l'air, qu'à fonder un gouvernement sans religion, dit Plutarque. L'affaiblissement et la corruption des principes religieux a de tous les tems été le signe infaillible de la décadence d'une nation. Tous les désordres se tiennent, s'enchaînent et se suivent nécessairement. Les fondemens des mœurs et de l'autorité croulent avec ceux de la religion.
~~~~~~~~~~~~~~~~~~~~

(16)

Depuis le brillant et édifiant siècle de
Louis XIV, qui a produit tant de grands
hommes, et même de saints personnages; depuis un siècle, la nation dégénérait, la corruption des mœurs augmentait, la religion perdait
de sa vénération, le trône, de sa considération.
Peu-à-peu la philosophie moderne, qu'on peut
appeler la philosophie des passions, puisqu'elle
est le code ténébreux de toutes les erreurs et de
tous les vices; peu-à-peu la philosophie, en
répandant ses noirs poisons, a infecté les esprits
et les cœurs, pour vomir l'hydre de la révolution sur la surface de la France. Le système
anarchique de la souveraineté du peuple et les
systèmes absurdes et révoltans du déisme, du
matérialisme, de l'athéisme même, se sont
réunis pour bouleverser le royaume et ébranler
tous les états.

En effet, qui a versé tous les fléaux sur notre
infortunée patrie ? D'où viennent et découlent
toutes nos calamités ? de la rebellion de la
nation contre son souverain. On l'a dépouillé
de son autorité légitime, et l'anarchie a dé-
ployé et exercé toutes ses horreurs. Les sujets
fidèles sont devenus la proie des sujets révoltés.
Tous les anarchistes se sont dits et proclamés
souverains, et la France n'a été peuplée que
d'esclaves et de victimes du despotisme le plus
farouche et le plus arbitraire.

Qui a excité la révolte contre le Monarque

de la France ? c'est l'irréligion , c'est l'immo-
ralité. Après avoir levé l'étendard contre le
ciel , les incrédules se sont élancés et précipités
comme des furieux pour renverser les autels et
les trônes. Ils se sont armés d'un sceptre de fer
pour écraser ceux qui restaient fidèles à Dieu
et au Roi. Les cris de la liberté ont été le signal
affreux de la spoliation , de la destruction , de
la mort. Tels sont les fruits amers des insur-
rections anti-politiques et anti-religieuses.

Au contraire , quand on rend à Dieu ce qui
appartient à Dieu , on rend aux souverains ce
qui appartient aux souverains. La soumission
aux autorités de la terre est attachée à la soumission qu'on doit à la suprême autorité , dont
le trône est dans le ciel. En effet , quand on
craint le Tout-Puissant , on respecte ses images
et ses ministres. Mais quand on a secoué le joug
de la religion , on brave le ciel et la terre. Tous
les impies sont révolutionnaires par principe.
Leur morale est de n'en point avoir. Leurs projets sont incendiaires. Leur manie est de tout
détruire , et leurs appétits féroces ne se rassa-
sient que de sang et de carnage.

Un médecin célèbre a écrit que la vie n'est
qu'une tendance à la décomposition , qu'une
putréfaction commencée , mais réprimée et sus-
pendue. Ne pourrait-on pas dire la même chose
d'un état sans morale et sans religion ? A quoi
servent les lois sans les mœurs ? *Quid sine mo-*

ribus leges proficiunt? Un Dieu , un Roi , une Loi voilà les inséparables soutiens de la monarchie. Otez l'autel , le trône s'écroule , et l'état tombe en dissolution. Quand Dieu n'a plus d'autel , les rois n'ont plus de trône. Une force aveugle se brise et périt par sa propre masse. *Mole ruit suâ.*

La Religion chrétienne , qui est la source de toutes les vertus civiles et sociales, est la constitution par excellence. C'est une constitution sublime , puisqu'elle est descendue du ciel. Mais quand il n'y a plus de religion. il n'y a plus de mœurs ; et quand il n'y a plus de mœurs, il n'y a plus d'ordre. Comment donc rétablir l'ordre quand le désordre règne ? Le mal est si facile à s'introduire , le bien est si difficile à renaître , qu'une forte secousse de révolution suffit pour renverser toutes les lois en un clin-d'œil.

Ce n'est donc que par la force qu'on peut contenir et réprimer les pertubateurs de la tranquillité publique. Le glaive du souverain doit planer sur la tête de ceux qui veulent se soustraire à son autorité , parce que le chef légitime d'un état ne l'a reçu du ciel et ne le porte sur la terre que pour protéger les bons et punir les méchans. En versant le sang d'un coupable , on conserve souvent celui de cent innocens.

Les souverains légitimes sont ordinairement

indulgens. Ils aiment à épargner le sang de leurs sujets. Ils préfèrent la douce clémence à la justice sévère et rigoureuse. Il faut que les crimes soient bien notoires , pour que les criminels soient frappés par le glaive de la loi qui les condamne.

. L'excès de la clémence de Louis XVI a été la cause de l'excès de ses malheurs ; et la plus grande faute qu'on puisse lui reprocher , est d'avoir consulté les mouvemens de son cœur , plutôt que les droits et les devoirs de son rang et de sa place. Son inépuisable indulgence est devenue un crime irrémissible aux yeux des forcenés rebelles , puisqu'elle n'a fait qu'aigrir et exaspérer leur rage , au lieu de l'adoucir et de la calmer. On a traité de tyran le plus doux des monarques , on l'a privé de son autorité , on l'a privé de sa liberté , on a porté des mains régicides sur sa personne sacrée. Sa tête royale et innocente a été tranchée sur un infâme échafaud , dressé par les ennemis les plus acharnés de l'ordre , de la paix et de l'autorité légitime.

O Souverains , qui que vous soyez ! tremblez jusque sur vos trônes , si le crime de la rebellion de vos sujets reste impuni. Votre famille chérie et votre peuple fidèle , les grands et les petits , tomberont tôt ou tard sous le fer impitoyable des factieux et des bourreaux. « C'est aux rois , » c'est aux rois qu'en veulent les philosophes , » s'écriait un fameux prédicateur, trente ans

» avant la révolution ; la hache et le marteau
» sont dans leurs mains : ils n'attendent que le
» moment favorable pour renverser le trône. »

L'extrême bonté conduit à l'extrême licence , en rendant les coupables plus audacieux. La justice tempérée les arrête au milieu de leurs complots. Le crime recule devant la vertu armée. Il n'y a point de ressources quand il n'y a point de remords , et la crainte du châtiment est la plus forte barrière des forfaits et la plus sûre garantie de la tranquillité.

La véritable liberté est donc dans la puissance des rois. Plus un roi est puissant, moins le peuple est esclave, parce que les intérêts des rois sont les vrais intérêts des peuples, et qu'un bon roi ne peut avoir d'autres intérêts que ceux de son peuple.

Qu'il est donc doux de vivre sous un monarque légitime ! Rien n'est arbitraire dans l'exercice de sa puissance. Sa passion est de se faire aimer , en faisant des heureux ; et s'il s'arme contre de certains désordres , il est toujours disposé à pardonner aux criminels. Son cœur souffre en employant les châtimens , et il met tout son bonheur à verser les récompenses.

A ces traits vous reconnaissez sans doute l'auguste Monarque qui est venu reprendre le sceptre de ses ancêtres. Chassé honteusement par une faction rebelle, qui s'en était emparé pour dépeupler la France et l'Europe , il a été reporté, pour ainsi dire, par toutes les puissances sur un trône héréditaire, dont il ne serait jamais descendu, si la fidélité de ses sujets eût été plus vigilante, plus active et plus générale.

Qu'est-il résulté de la dernière rebellion contre le souverain légitime ? Des maux incalculables pour la patrie. Le bonheur de la France a toujours disparu avec ses rois légitimes, et il ne peut y reparaître qu'avec eux. Point de légitimité, point de tranquillité. « Le gouverne- » ment héréditaire, dit Bossuet, va tout seul » comme la nature. » En effet, il garantit le repos des contemporains et de la postérité. La souveraineté éphémère, par sa nature, dérange l'ordre social, et sert de châtiment au peuple. La multitude des hommes vertueux et fidèles est la santé de l'univers.

L'ambitieux tremble sur un trône usurpé. Tous les crimes sont à ses ordres pour le cimenter et l'affermir. Ses yeux farouches, d'où fuit le doux sommeil, apperçoivent des ennemis par tout. Son cœur agité enfante les projets les plus sinistres. Le sang ne coule pas assez à son gré ; il ne règne que par la terreur et les forfaits.

Mais grâces immortelles soient rendues au Tout-Puissant, qui nous a rendu notre Roi légitime ! Si les impôts pèsent sur la France par les dilapidations énormes de l'usurpation, la douce paix renaît sous un règne paternel. S'il faut faire le sacrifice d'une partie de nos biens, notre sang ne coule plus, nos entrailles ne sont plus déchirées par l'affreux spectacle de la destruction. Si les factieux frémissent, les vrais français respirent. Si le crime tremble, la vertu triomphe. Si l'impiété rugit, la religion surnage, et va reprendre ses droits sacrés. Une noble liberté va succéder au despotisme.

Notre prétendu siècle de lumière n'a été qu'un siècle de ténèbres. Les systèmes les plus erronnés et les plus absurdes ont succédé aux plus grandes et aux plus saintes vérités. Le chrétien a perdu sa foi en perdant ses mœurs. Après donc avoir roulé d'erreurs en erreurs, il a roulé de crimes en crimes et de revers en revers. La morale chrétienne est la vraie science de l'homme ; c'est le brillant flambeau des esprits et le guide lumineux des cœurs.

Les philosophes de nos jours, en voulant détruire l'édifice inébranlable de la religion, n'ont substitué et établi que le délire des passions et les excès de la déraison. La liberté chrétienne est supérieure à la licence philosophique. On ne peut rien ajouter aux vérités morales et religieuses ; et tous ces fameux systèmes en politique et en religion ne sont que les paradoxes monstrueux de la dégradation humaine. Le délire des passions a étouffé le langage de la raison ; et on n'a jamais tant déraisonné que dans notre siècle enflé de ses lumières. Les cris de la liberté

et de l'humanité ont servi de voile à l'esclavage
et à la barbarie. Ce n'est donc pas par ses sciences,
ses arts et sa philosophie moderne , que la nation française peut être heureuse , mais par ses
mœurs , sa sagesse et la religion de ses respec-
tables ancêtres , qui valaient certainement mieux
que ces hommes nouveaux qui ont sucé l'erreur
et le crime avec le lait amer de la révolution.

O sainte religion ! doux présent de la divinité , et touchante consolation des mortels vertueux et malheureux ! vous seule pouvez faire
le bonheur de tous les âges et de toutes les
conditions ! O religion chrétienne et catholi-
que ! sublime code de toutes les vérités et de
toutes les vertus ! vous n'êtes descendue du ciel
que pour éclairer et purifier la terre.

O mes frères ! rendons à Dieu ce qui appartient à Dieu , et aux Rois ce qui appartient aux
Rois. C'est par l'observation exacte de ce pré-
cepte sublime , dicté par Jésus-Christ lui-même,
que nous obtiendrons une couronne au-dessus
de toutes les couronnes de la terre , c'est-à-
dire, la couronne du ciel.

AINSI SOIT-IL.